EN LA OSCURA CUEVA

IN THE DARK CAVE

de/By
Richard Watson

Ilustrado por/Illustrated by
Dean Norman

STAR BRIGHT BOOKS
Cambridge Massachusetts

En lo profundo de la oscura cueva,
allí donde vivía un grillo,
había agua que bajaba
como salida de un grifo.

Deep in the dark cave
lived the cave cricket,
where water came down
like out of a spigot.

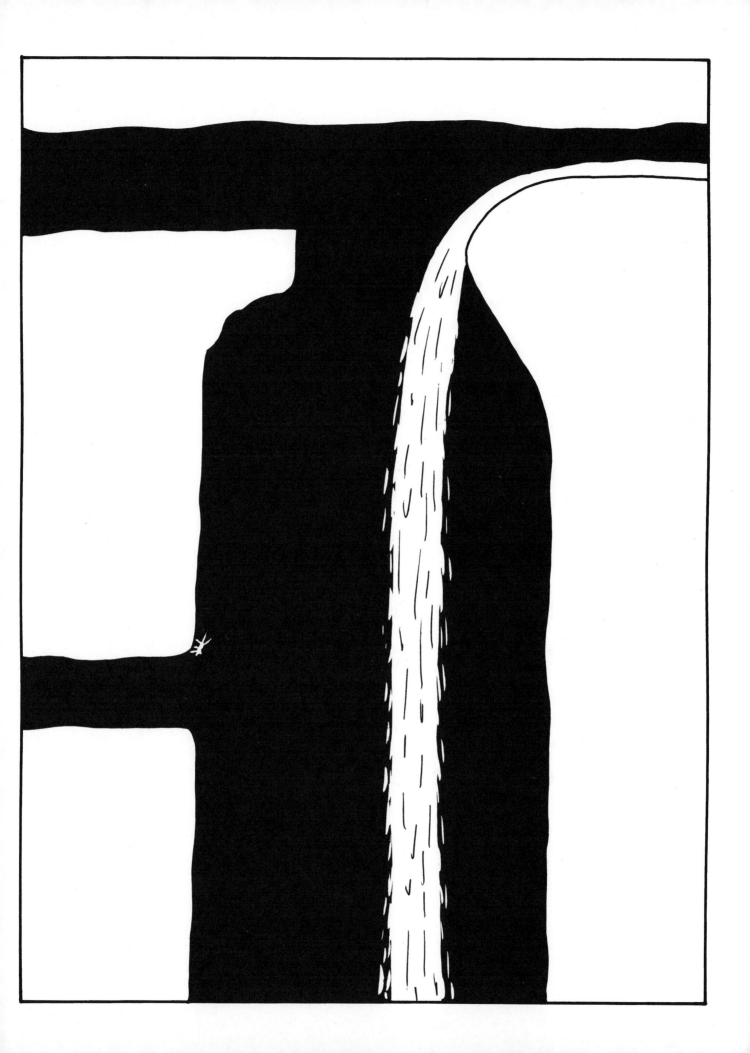

En un rincón del pasillo
vivía la rata de la cueva.

Sobre su cabeza colgaba
el murciélago de la cueva.

Back in the passage
lived the cave rat.

Over his head
hung down the cave bat.

En lo profundo de la cueva
siempre era de noche.

Pero ninguna de estas criaturas
necesitaba de la luz.

In the depths of the cave
it was always night.

But none of these creatures
needed a light.

El astuto grillo de la cueva
tenía larguísimas antenas.

El murciélago de la cueva
cantaba una dulce canción.

The crafty cave cricket
had feelers this long.

The brown cave bat
sang a sweet song.

Tocando las paredes,
se arrastraba el grillo.

El murciélago volaba
haciendo eco por los pasillos.

The cave cricket crept
by feeling the walls.

The cave bat flew
through echoing halls.

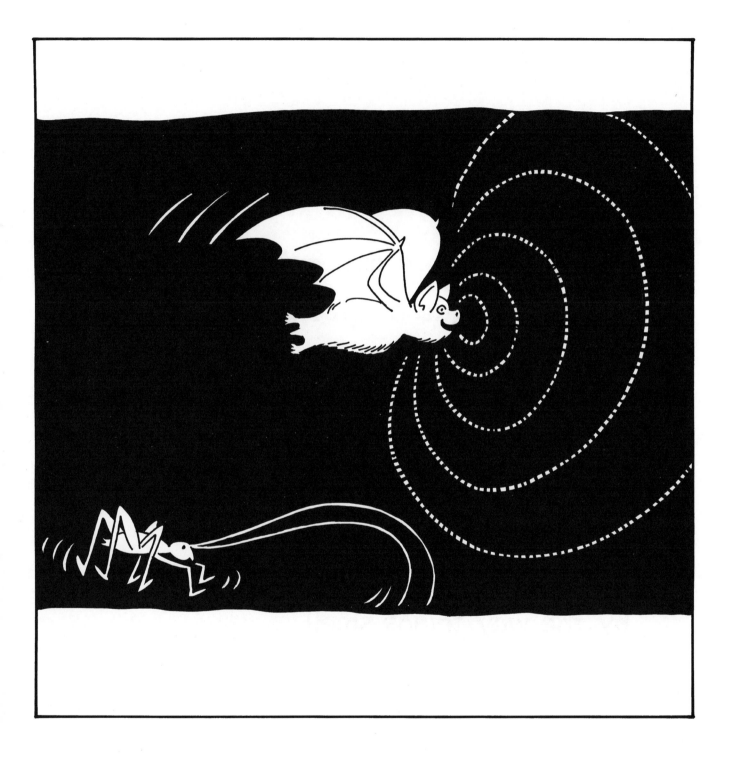

La valiente rata de la cueva
se las apañaba muy bien.

Siempre sabía lo que había
por el olor que despedía.

The bold cave rat
got about quite well.

He knew what's where
by the way things smell.

Todos vivían juntos
en la oscura cueva,
muy lejos de la gente
y abrazados por la tierra

They lived together
in that deep dark place
far from people
in the earth's embrace.

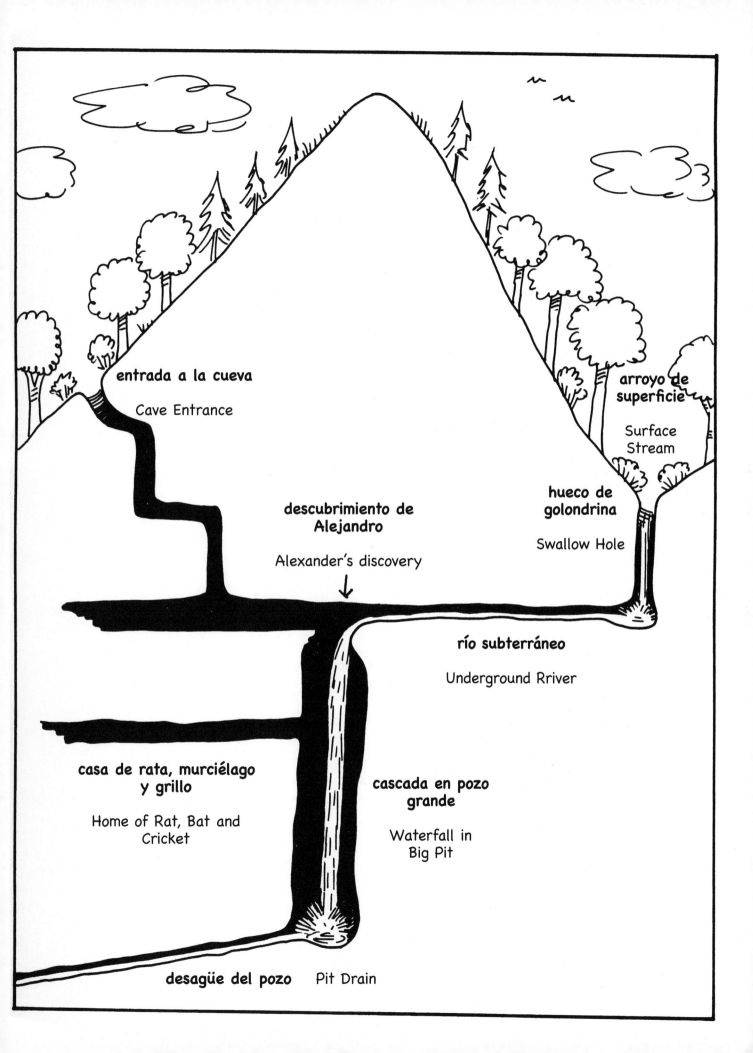

entrada a la cueva

Cave Entrance

arroyo de superficie

Surface Stream

descubrimiento de Alejandro

Alexander's discovery

hueco de golondrina

Swallow Hole

río subterráneo

Underground Rriver

casa de rata, murciélago y grillo

Home of Rat, Bat and Cricket

cascada en pozo grande

Waterfall in Big Pit

desagüe del pozo   Pit Drain

En la profunda oscuridad
nada se veía.

Ellos pensaban que las cosas
así siempre seguirían.

Deep in that darkness
it was impossible to see.

They thought that was always
the way it would be.

Pero en lo alto del pozo,
de pronto apareció
un puntito de luz,
una estrellita surgió.

Then suddenly appeared,
in the shaft up high,
a pinpoint of light,
like a star in the sky.

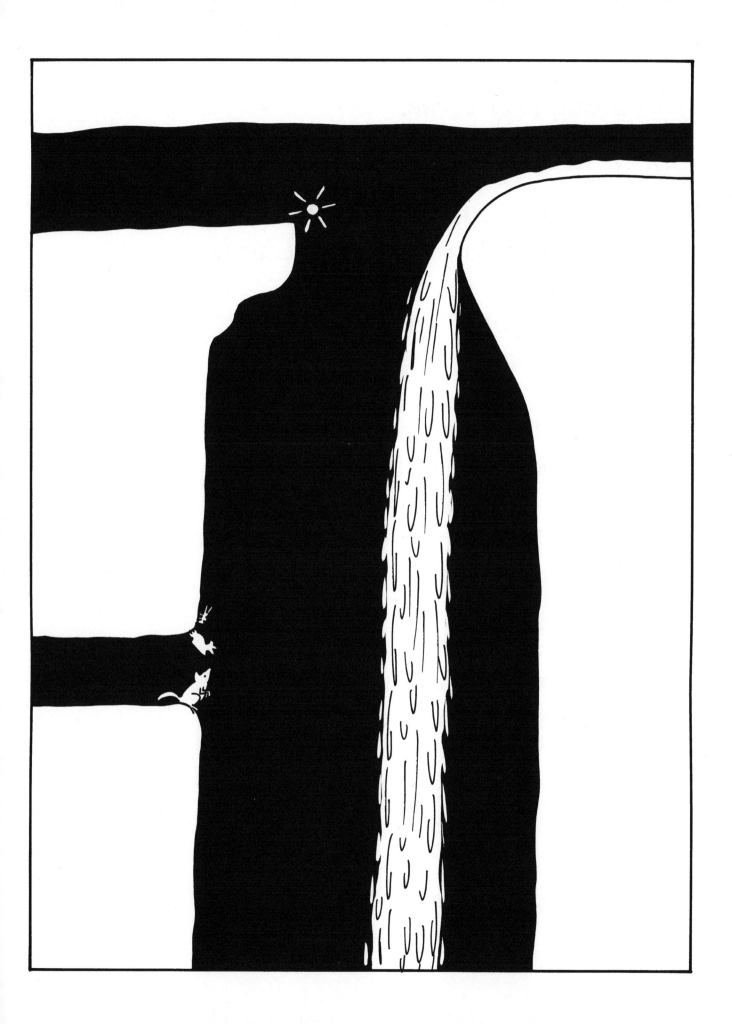

Desde muy arriba
cayó una cuerda fina.

Y por esa cuerda, bajó lentamente
Alejandro Jorge Augusto García.

En la cabeza tenía un casco
y en el casco una linterna.

Y de ella salía una luz
que iluminaba la tierra.

Down the great pit
came a thin line of rope.

And down the line slowly, came
Alexander James Augustus Pope.

On his head was a helmet,
on the helmet a lamp.

And from it shone down
a light through the damp.

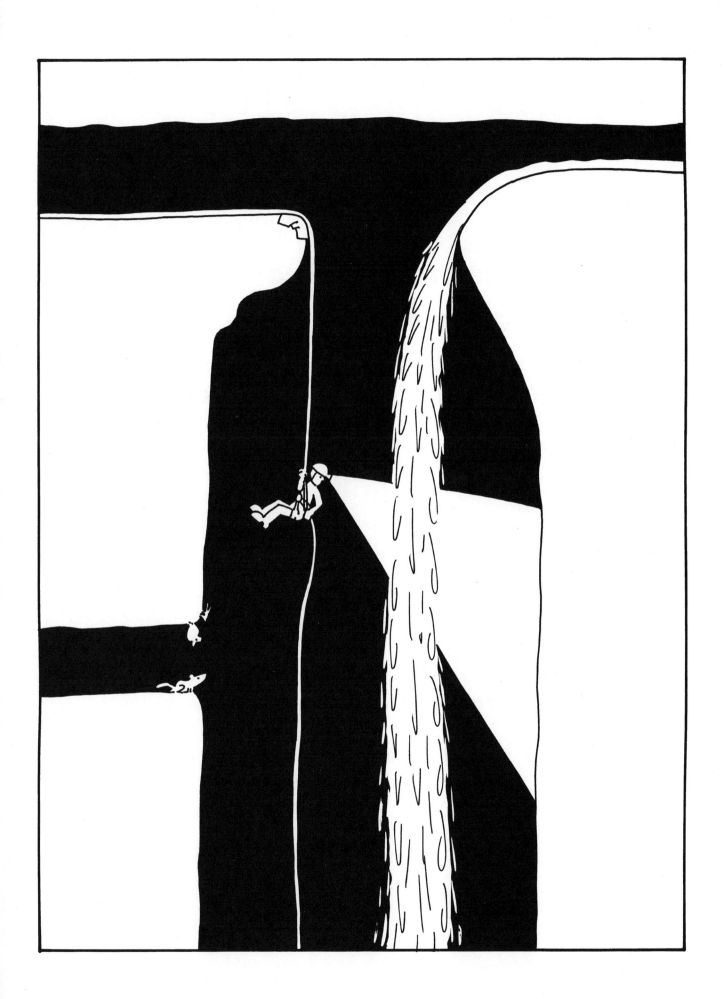

La oscuridad subterránea
Alejandro exploraba.

Esta era la cueva más profunda
en que había puesto su mirada.

Alexander was exploring
the dark underground.

This was the deepest
cave he had found.

El grillo, el murciélago
y la valiente rata de la cueva
miraban cómo salía
del casco la luz certera.

The cricket, the bat,
and the bold cave rat
stared in wonder
at the light on the hat.

Alejandro se deslizó
a lo más profundo.

Las tres criaturas de la cueva
lo miraban con asombro.

Alexander slid
to the depths below.

The three cave creatures
watched him go.

Pronto Alejandro gritó:
"¡Toqué fondo!".

Y subió de regreso,
pasando junto al chorro.

Soon he shouted,
"It bottoms out!"

And he climbed back up
past the water spout.

La luz se debilitó
mientras él iba hacia fuera.

Y así llegó el final
del único día en la cueva.

The light faded
as he went away.

That was the end
of the only day.

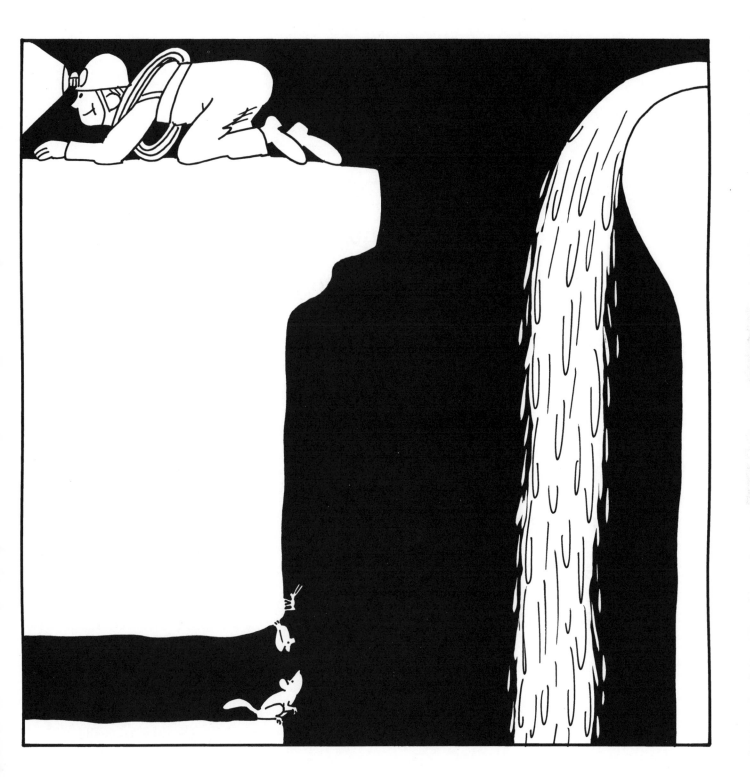

Pasó un largo tiempo
y las criaturas seguían quietas:
el grillo, el murciélago
y la valiente rata de la cueva.

For a long time after
the creatures just sat—
the cricket, the bat, and
the bold cave rat.

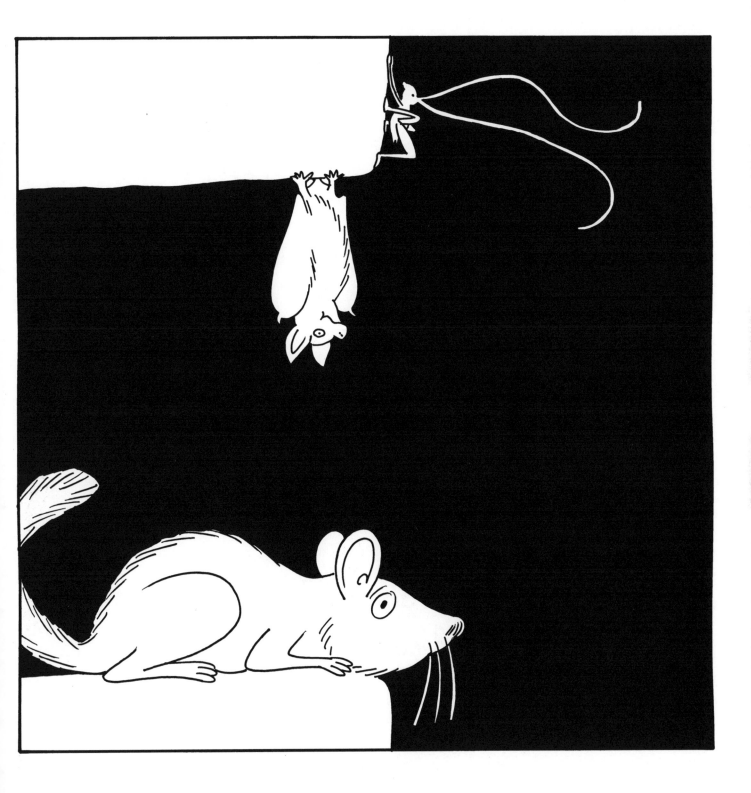

Era increíble;
parecía un sueño.

Apenas recordaban
lo que habían visto.

It was unbelievable,
like in a dream.

They almost forgot
what they had seen.

Pero algunas veces
en la profundidad,
aún les parece ver
brillar la oscuridad.

But sometimes now
in the depths below,
they seem to see
the darkness glow.

Vive el murciélago
en la oscura cueva.

Y también el grillo
y la valiente rata de la cueva.

Deep in the dark cave
lives the bat.

So does the cricket
and the bold cave rat.

Published in the United States of America by Star Bright Books, Inc.
The name Star Bright Books and the Star Bright Books logo are registered
trademarks of Star Bright Books, Inc.

Please visit www.starbrightbooks.com. For bulk orders, email: orders@starbrightbooks.com,
or call customer service at: (617) 354-1300.

ISBN: 978-1-59572-786-2
Star Bright Books / MA / 00105170
Printed in China / WKT / 10 9 8 7 6 5 4 3 2 1

Printed on paper from sustainable forests.

Library of Congress Cataloging-in-Publication Data is available.